GÉRARD PHILIPE

LE PRINCE D'AVIGNON

Jean-François Josselin

arte
Éditions

ÉDITIONS MILLE ET UNE NUITS

JOSSELIN
n° 10

INÉDIT

ISBN : 2-84205-057-6

Sommaire

Éditions Mille et une nuits/ARTE Éditions :
Elie Wiesel-Jorge Semprun, *Se taire est impossible*.
Jacques Berque-Jean Sur, *Les Arabes, l'islam et nous*.

JOSSELIN

Gérard Philipe
le prince d'Avignon

Gérard Philipe
le prince d'Avignon

Mlle Hodge, surveillante générale du lycée (de jeunes filles) Hélène-Boucher, fut inflexible : pour enrayer la dégradation du matériel scolaire, cette personne sévère mais juste établit un système de mauvais points débouchant sur une retenue le samedi. Quiconque serait reconnu coupable d'avoir gravé sur le bois de son pupitre les initiales de l'idole, n'échapperait pas à la punition. Eh bien, cette mesure répressive ne découragea pas les adoratrices. Et la plupart de ces malheureuses furent consignées pour avoir déclaré leur flamme, de la pointe de leur compas, à G. P., alias Gérard Philipe, don Rodrigue et Fanfan la Tulipe confondus dans un joli corps sec et des yeux brillants, incontestable triomphateur de ce concours sauvage devant J. M. (Jean Marais), G. M. (Georges Marchal), H. V. (Henri Vidal) ou L. J. (Louis Jourdan). C'est que la passion pour Gérard Philipe avait tout d'une épidémie amoureuse. Il suffisait qu'il paraisse sur la scène du palais de Chaillot pour que ces demoiselles (et certains de ces messieurs) entrent en transe. Comme plus tard leurs enfants devant les chanteurs de rock ou de rap.

Je me souviens : le TNP à Paris, mai 1958, *Lorenzaccio* de Musset, mis en scène par le héros du jour ou plutôt de la matinée, dans des décors de Léon Gischia, avec une musique de Maurice Jarre, et une distribution éblouissante : Daniel Ivernel, Monique Chaumette, Jean Topart, Philippe Noiret, Georges Wilson, Zanie Campan... Nous en sommes à la scène IV de l'acte I. Lorenzo monte l'escalier de la terrasse. Il salue la cour des Médicis de sa voix chantante, un peu haut perchée : « Bonjour, messieurs les amis de mon cousin. » Huit cents spectateurs frémissent. Sire Maurice provoque Lorenzo. Le cousin, Alexandre, duc de Florence, propose son épée à Lorenzo. Lâche, du moins le paraît-il, Lorenzo chancelle. Les huit cents spectateurs observent un silence plus angoissé que consterné. Lorenzo glisse à terre. Le duc Alexandre (riant aux éclats) : « Quand je vous le disais ! Personne ne le sait mieux que moi ; la seule vue d'une épée le fait trouver mal. Allons, cher Lorenzetta, fais-toi emporter chez ta mère. » On relève Lorenzo et on le sort de scène. Les huit cents spectateurs ne ricanent pas, ne sanglotent

Lorenzaccio

pas, ne sont pas confus, ils éclatent en bravos. On pleure de bonheur. Musset est trahi (provisoirement). C'est la magie Gérard Philipe qui rend tout héroïque, même la lâcheté. Un seul regret : au théâtre on ne « bisse » pas comme à l'opéra où la Callas ne lasse jamais quand elle reprend *Casta Diva*...

***

Quelques chiffres éloquents. Et tristes. 1922-1959 : trente-sept ans de vie. Dix-huit ans de représentations. Trente longs métrages. Cinq courts métrages. Vingt pièces de théâtre. Voilà les mensurations de l'acteur français le plus populaire du demi-siècle. Une carrière éblouissante et douloureuse, faite de succès et de blessures. Avec quelques nanars en prime, aussi. Elle commence, cette carrière, courte, au début de la brève existence de Gérard Philip (bientôt Philipe, son pseudonyme ne différant de son patronyme qu'à une voyelle près – « e »). Au casino municipal de Nice, dans *Une grande fille toute simple*, comédie d'André Roussin, mise en scène par Louis Ducreux, avec dans les principaux rôles Madeleine Robinson et Claude Dauphin. Et dans celui de Mick, un jeune homme de vingt ans, Gérard évidemment.

C'est la guerre, ou plutôt l'Occupation. Mais on est sur la Côte d'Azur, en zone libre. C'est d'ailleurs une des raisons pour lesquelles les plages et les promenades sont foulées par les célébrités en exode. M. Philip père, un ancien avocat et banquier, dirige avec son épouse, l'exquise Minou, un hôtel chic où on ne se pose pas de problèmes insolubles à propos de la collaboration. On rit beaucoup même, entre saltimbanques. Parmi ceux-ci, le cinéaste Marc Allégret, le confident et ami de Gide. Une relation de Minou Philip qui lui parle de son fils chéri, Gérard, pour elle (et elle a raison) un acteur-né. Marc Allégret n'en doute pas. Il fait même le projet d'adapter *Le Blé en herbe* de Colette avec Gérard et, dans le rôle de Vinca, une certaine Danièle Girard, ravissante jeune fille au strabisme irrésistible. L'entreprise avorte. Qu'importe, le frère cadet de Marc Allégret, Yves, également cinéaste, engage à son tour Gérard dans *La Boîte aux rêves*. Pas un grand rôle, non, plutôt une silhouette. Une silhouette qui rencontre par hasard une autre silhouette, Simone Kaminker, dite depuis peu Simone Signoret, échappée de l'univers moyenâgeux des *Visiteurs du soir*. Le destin est en marche.

Ou du moins la ronde. Comme cette *Ronde*, celle des hasards et des rencontres, où sous l'œil et la caméra de Max Ophuls (ce qui est du pareil au même), ils se retrouveront un peu plus tard, elle, Simone, devenue la vamp du cinéma français grâce à son mari, Yves Allégret justement, et lui, Gérard, le nouveau jeune premier, romantique et pervers, révélé, imposé par *Le Diable au corps*, *La Chartreuse de Parme* et *La Beauté du diable*. Et la jeune première à la mode de l'époque, à propos, c'est qui ? Mais la certaine Danièle Girard évoquée plus haut, l'impossible Vinca de Marc Allégret, devenue, elle, Danièle Delorme. Mais nous n'en sommes pas là. Nous sommes donc au casino municipal de Nice où, en coulisses, Claude Dauphin pleure d'émotion en écoutant le « petit ». Pas pour très longtemps. Même pendant une époque aussi trouble, les affaires continuent. On propose à M. Philip père la gérance d'un grand hôtel-restaurant parisien. Pour son infortune, M. Philip père accepte et s'engage dans une « collaboration » dont il ne sortira que pour s'enfuir en Espagne, à la Libération. Mais le malheur de l'un fait le bonheur de Gérard. L'hôtel-restaurant paternel était sis rue de Paradis. Gérard va gagner un autre paradis, celui des illusions et de la poésie à la porte duquel se tient non pas saint Pierre, mais la dame la plus séduisante, la plus spirituelle, la plus talentueuse et aussi la plus généreuse du monde du spectacle, Mme Edwige Feuillère, bonne fée qui rend les autres fées superflues quand elle se penche sur le berceau d'un nouveau-né de la fantasmagorie. Le berceau en question, c'est le théâtre Hébertot. Et le 11 octobre 1943, en fait de nouveau-né, Edwige Feuillère se penche sur le destin d'un long jeune homme, Gérard bien sûr, tout de blanc vêtu, l'ange de *Sodome et Gomorrhe* de Jean Giraudoux.

***

Un succès n'arrive jamais seul. Dans la foulée de ses grands débuts au théâtre, sort sur les écrans le premier vrai film de Gérard, *Les Petites du quai aux Fleurs* de Marc Allégret (toujours) où, bien que son passage soit bref, il se fait remarquer par son charme et sa grâce. Même si, dans cette œuvrette qui ne bouleversera pas l'histoire du septième art, on le voit surtout de dos. Il s'en plaint au metteur en scène, d'ailleurs. Mais, avoue Marc Allégret, c'est que la petite en question et ses sœurs – Odette Joyeux, Simone Silvestre, Colette Richard et Danièle Delorme (encore elle, oui) – voulaient toutes être photographiées de face... Gérard ne se laisse pas griser par cette gloire toute neuve. Il entre au Conservatoire où il suit l'enseignement très classique des vénérables Denis d'Inès et Georges Le Roy. Son auteur de prédilection ? Musset, bien sûr, qui semble lui avoir taillé, un siècle plus tôt, des rôles sur mesure. Et d'ailleurs, au concours, il remporte un second prix de comédie avec Fantasio et Valentin dans *Il ne faut jurer de rien*. Ce qui ne l'empêche pas de tâter du « boulevard » avec *Au petit bonheur* de Marc-Gilbert Sauvajon, où la critique remarque surtout les fous rires qu'il partage, inopinément, avec une de ses partenaires, l'incorrigible Sophie Desmaret.

Comédie à la scène. Tragédie à la ville. On joue à une nouvelle drôle de guerre du côté de Saint-Germain-des-Prés en attendant les libérateurs qui débarquent en Normandie. Mais ce qui est sans doute exaltant et peut-être même gai, étant donné leur jeunesse, pour ses amis et voisins Alain Resnais, Jacques Sigurd, Simone Signoret, les deux Daniel et Danièle (Gélin et Delorme), ne peut être que douloureux et angoissant pour lui. M. Philip père a fui, sans espoir de retour. Bien que sans reproche, Gérard ne peut que douloureusement assumer l'opprobre – même si celui-ci n'est pas formulé. Il ne condamnera pas son père. Il ne tentera pas de le justifier, d'invoquer les circonstances atténuantes. Il restera silencieux. Est-ce l'une des raisons de son engagement politique auprès du Parti communiste français dont il restera l'un des compagnons de route fidèles en dépit des funestes dérapages de la guerre froide ? Dans cette période de notre histoire, tout était moins simple, moins évident que dans les discours et les mémoires de nos professeurs de vertu patriotique. D'abord ces jeunes gens « bourgeois » avaient approché, bon gré mal gré, le monde de la collaboration de par leurs affections ou leurs fonctions – Simone Signoret, quand elle condamnait politiquement son patron, Jean Luchaire, n'oubliait pas pour autant que le directeur des *Nouveaux Temps* avait sauvé la petite Kaminker.

Et puis les communistes, héroïques pendant l'Occupation, restaient porteurs d'espoirs et, sinon pacifistes, du moins adversaires irréductibles de la bombe atomique, défendue, elle, par les États-Unis en particulier et les droites occidentales en général qui se déchaînaient contre l'Union soviétique avec une virulence sectaire, diabolisant Staline certes, mais l'instituant adversaire privilégié et donc partenaire d'élection. Enfin, Gérard Philipe semblait avoir la fibre sociale – vocation peu partagée dans le monde du spectacle où l'on milite plus volontiers pour l'idéologie du chacun-pour-soi. Et d'ailleurs, il s'engagera et fondera le SFA, le Syndicat français des acteurs, ce qui est une curiosité. Imagine-t-on Alain Delon ou Jean-Paul Belmondo permanents de la CGT ou de la CFDT ? Toujours est-il que cette singularité politique d'extrême gauche, fondée sur un involontaire héritage d'extrême droite, exaspère une partie du public pour lequel le nom de Gérard Philipe reste (aujourd'hui encore, sa brève existence ne lui ayant pas permis de négocier les tournants de l'Histoire comme Montand et Signoret) synonyme de stalinien. Et, bien sûr, son théâtre d'élection – national mais populaire – n'arrangera rien.

***

Gérard Philipe, contre ses vœux, n'est pas promis à la Comédie-Française. Le 3 mars 1945, il crée *Federigo* de René Laporte, inspiré par une nouvelle de Mérimée, mis en scène par l'un des plus grands acteurs de l'époque, Marcel Herrand. Cette pièce sans éclat est le point d'ancrage de sa carrière, de sa gloire, de l'engrenage de ses triomphes. Car c'est en le découvrant dans *Federigo* qu'Albert Camus décidera de lui confier le rôle de Caligula. Et c'est en l'admirant dans *Caligula* que René Clair, au retour de son exil hollywoodien, décidera d'en faire, un jour, son interprète d'élection. Et puis, dans *Federigo*, Gérard est, pour la première fois, partenaire de Maria Casarès, bientôt très proche d'Albert Camus. Casarès qui sera, au théâtre, l'une des compagnes idéales de Gérard. L'un des signes distinctifs des grands acteurs, c'est que, pour nous, bien sûr, mais d'abord entre eux, ils forment vite – à la ville comme à la scène, en tout cas dans l'imaginaire du public – des duos d'élection.

En ce sens Gérard Philipe, bien qu'il n'ait eu qu'une seule épouse, l'écrivain Anne Philipe, est le compagnon, l'amoureux, le mari, l'amant fidèle d'une dizaine d'actrices avec lesquelles il partage pour le meilleur (rarement pour le pire) les étapes de sa carrière, et par conséquent de sa vie : Simone, on l'a vu, et Feuillère

(*Sodome et Gomorrhe* et *L'Idiot* au cinéma), mais aussi, donc, Maria Casarès – la Sanseverina de *La Chartreuse de Parme* –, mais surtout la créatrice des *Épiphanies* de Henri Pichette au théâtre des Noctambules, et la compagne du TNP. Mais encore Danielle Darrieux (*Le Rouge et le Noir*, *Pot-Bouille*), Germaine Montero (*Monsieur Ripois*, au cinéma, et le TNP), Gina Lollobrigida (*Fanfan la Tulipe* et *Les Belles de nuit*), Jeanne Moreau (la petite ingénue délicieuse et moqueuse d'Avignon et de Chaillot qu'il retrouvera, somptueuse, dangereuse et perverse en marquise de Merteuil dans *Les Liaisons dangereuses* de Vadim-Vailland dont il est le Valmont, bien sûr), Micheline Presle (*Le Diable au corps*, *Tous les chemins mènent à Rome*, *Les Amants de la villa Borghese*) et, enfin, Michèle Morgan avec laquelle il forme une sorte de couple officiel (digne et distingué dans *Les Grandes Manœuvres*, la pudeur de René Clair leur va bien au teint ; débraillé et outrancier dans *Les Orgueilleux*, lui en médecin alcoolique paumé, elle, effarouchée dans sa combinaison sexy sous les pales du ventilateur, surjouant comme deux diables – mais peut-être s'agit-il, Martin Scorsese du moins le croit, du chef-d'œuvre « kitsch » d'Yves Allégret). Détail intéressant : de Feuillère à Morgan, en passant par Germaine Montero et Darrieux – Moreau et Casarès exceptées, bien sûr –, Gérard fut toujours, comme le Chéri de Colette, le cadet de ces dames.

***

En quatre ans, Gérard Philipe va grimper jusqu'à la première place. Il se partage entre la scène et l'écran, mais c'est le cinéma, bien sûr, qui fait sa renommée. Parce que le cinéma touche un public de plus en plus large. Mais aussi, mais surtout, parce qu'il enchaîne dans ses films des rôles qui construisent son personnage, le mythifient. Successivement, il incarne le prince Muichkine (*L'Idiot*), François, le lycéen porte-parole de Radiguet (*Le Diable au corps*), Fabrice del Dongo (*La Chartreuse de Parme*), Faust jeune (*La Beauté du diable*) – on passe sur des créations secondaires –, pour arriver enfin à l'année de tous les bonheurs, l'année 1951, le lieu géométrique de son destin. Parallèlement, si l'on peut dire, il a interprété sur scène – après *Les Épiphanies* – deux pièces sans éclat, *K.M.X. Labrador* de Jacques Deval et *Le Figurant de la Gaîté* d'Alfred Savoir. Par un paradoxe curieux, aux rôles cinématographiques ambitieux et « historiques » répondent des interprétations contemporaines, et modestes, au théâtre. Mais, en 1951 donc, tout va se conjuguer, se métamorphoser.

D'un point de vue chronologique, d'abord, il y a le Festival d'Avignon où Jean Vilar s'illustre depuis 1947 dans la fameuse cour du palais des Papes grâce à Jeanne Laurent. Sous sa direction, on y a déjà représenté deux fois *Le Cid*, avec Jean-Pierre Jorris dans le rôle de Rodrigue et la fragile, la fugitive Françoise Spira dans celui de Chimène. Vilar a dépoussiéré Corneille des commentaires universitaires traditionnels (si ce n'est pas là un pléonasme). Plus que le « devoir », il évoque l'amour et penche plus pour le « poème » que pour la leçon de morale. La légende dit que Gérard Philipe aurait hésité, refusé, hésité encore et accepté enfin cet « engagement » à corps perdu auprès de Vilar, engagement total puisque, aussi bien, si *Le Cid* est représenté le 15 juillet, le lendemain même, le 16, il se retrouve à la même place, cette fois dans le costume du *Prince de Hombourg* d'Heinrich von Kleist, une autre version, une autre vision d'un personnage romantique, tout aussi poétique mais moins héroïque, ou plutôt moins actif dans l'héroïsme. Et cela, sous la direction du même metteur en scène (Vilar), au milieu de la même troupe dont les perpétuels sociétaires s'appellent Françoise Spira, Jeanne Moreau, Monique Chaumette, Jean Négroni, Georges Wilson, etc. Un nouveau théâtre est en train de naître, la nuit, sous les étoiles. Un nouveau théâtre, c'est-à-dire une nouvelle troupe, une nouvelle façon de jouer. Mais aussi un nouveau public. Dans la fameuse « cour » (du palais des Papes), le jeu dramatique échappe aux traditions « bourgeoises » ou d'avant-garde. C'est qu'Avignon est un lieu de rencontre où les spectateurs communient avec les acteurs, bien sûr, mais aussi avec les auteurs – ils ont un rôle à jouer, ils ne sont pas assis, passifs ou contemplatifs, dans leurs fauteuils. Mais, au contraire, ils *vivent* le spectacle, ils ne le suivent plus, ils l'accompagnent. Avignon n'est pas une grand-messe, non, mais une fête où chacun participe, joue, s'émeut et s'amuse. Et d'ailleurs il n'y a pas de rampe, dans la cour acteurs et spectateurs voisinent. C'est un voyage et, à la fois, une histoire d'amour. Là, sous le ciel obscur mais troué par la lumière des projecteurs, on se forge des souvenirs, on se fait des amis. Le festival est une aventure. Et les festivaliers, peut-être, les aventuriers d'une nouvelle culture. Qui n'a pas rêvé d'Avignon ?

L'interprétation de Gérard Philipe, mais aussi son « aura », font le triomphe de Jean Vilar à qui, dès la fin du festival, on propose Chaillot, rebaptisé bientôt Théâtre national populaire, appelé à devenir l'antidote « révolutionnaire » de la « conservatrice » Comédie-Française.

Voilà qui ne peut que plaire à ces deux hommes « de gauche » que sont Vilar et Gérard. Ensemble, ils concoctent les « week-ends artistiques » de Suresnes (on y mange, on y boit, on y fait du spectacle et on y danse la valse musette) où, en fin de compte, le public s'y révélera moins prolétarien que snob. Mais enfin, le prix des places aidant, on assiste à l'émergence d'un nouveau théâtre, à une rupture avec les soirées dans

74 73-AY 75
TNP
DIRECTION : JEAN VILAR

les salles à l'italienne, aux rideaux rouges et aux loges rococo. À la même époque, Christian-Jaque propose à Gérard Philipe le rôle traditionnel mais oublié de Fanfan, Fanfan la Tulipe. Fanfan est une figure emblématique, autant que Rodrigue. D'un côté, le sens de l'honneur servi par un jeune amoureux noble et transi mais aventureux. De l'autre, un aventurier qui se métamorphose en amoureux transi et découvre la vraie noblesse dans ses aventures. Les deux personnages se croisent. De nouveau, la tragédie et la comédie se donnent la main. Et l'idéologie, si tant est qu'elle doive participer à ces entreprises, y retrouve son compte. Engoncé dans son sens du devoir, Rodrigue se libère par l'amour. Désordonné dans son goût du plaisir, Fanfan retrouve sa dignité par l'amour, lui aussi. Pour Gérard, les deux personnages lui offrent la panoplie complète de sa vie rêvée : avec Rodrigue et Fanfan, il est à la fois courageux, insolent, intrépide, libre, fantaisiste, charmant, charmeur, irréductible et triomphant. Si on établissait l'une sur l'autre deux décalcomanies de Rodrigue et de Fanfan, on aboutirait d'évidence à ce jeune homme viril à la grâce presque féminine, avec sa langueur impertinente, son audace mélancolique. Grâce à Gérard Philipe, la fiction ne dépasse pas la réalité, non, les deux se rejoignent. Qui fera le partage entre Fanfan, Rodrigue et Gérard ?

***

C'est bien d'arriver au sommet. Sauf que la prochaine étape n'est plus *au-dessus* mais *en dessous*. Le déclin succède à l'ascension. Gérard Philipe ne ménage ni sa peine ni son talent. Le monde, qui l'applaudit, ne change pas. La mode, imperceptiblement, si. Gérard poursuit son œuvre sur la voie (par qui, au fait ? Par lui-même ? Les autres ? Le hasard ?) toute tracée. Elle est royale, cette voie. Côté studio, il y a *Les Belles de nuit* avec, de nouveau, la sublime Gina, *Monsieur Ripois*, de René Clément, des participations-hommages chez Sacha Guitry qui raconte Versailles et Paris – il y incarne, entre autres, d'Artagnan – et *Le Rouge et le Noir*. Côté planches, c'est toujours le TNP avec *Nucléa*, *Lorenzaccio*, *La Nouvelle Mandragore* de Jean Vauthier et *Ruy Blas*, sans compter, encore et toujours, *Le Cid*. Qui pourrait y trouver à redire ? Pas les amoureux de la littérature, en tout cas. Gérard Philipe est l'acteur le plus littéraire de sa génération. Au cours de sa carrière, il a interprété successivement Dostoïevski, Radiguet, Stendhal, Schnitzler, Sartre, Louis Hémon et Raymond Queneau, Zola, Choderlos de Laclos. Mais ça, un jour, on le lui fera payer très cher. Les metteurs en scène les plus prestigieux lui sont fidèles. Au théâtre, Vilar, bien sûr. Et au cinéma : Yves Allégret, quatre fois (*La Boîte aux rêves*, *Une si jolie petite plage*, *Les Orgueilleux*, *La Meilleure Part*). Claude Autant-Lara, trois fois (*Le Diable au corps*, *Le Rouge et le Noir*, *Le Joueur*). Christian-Jaque, trois fois (*La Chartreuse de Parme*, *Souvenirs perdus*, *Fanfan la Tulipe*). René Clair, trois fois (*La Beauté du diable*, *Les Belles de nuit*, *Les Grandes Manœuvres*).

Tout « rouge » qu'il soit, il est, comme on dit dans l'irremplaçable *Cinémonde*, l'ambassadeur du cinéma français. On le voit sur les bords du Rio de la Plata, en haut de l'Empire State Building mais aussi, politique oblige, sur la place Rouge à Moscou et la place Tien an Men à Pékin. Les femmes sont folles de lui et les hommes l'aiment bien. Il est le héraut de la qualité française. À sa gauche, aucun rival. À ses côtés, des partenaires et des copines confondues, Simone, bien sûr, mais aussi la gentille Martine Carol, la belle Anouk Aimée et toujours, bien sûr, Danielle, Michèle et les autres. Avec, en prime, quelques jeunesses dont on attend beaucoup et qui ne décevront pas, la belle Françoise Fabian, Dany Carrel, Nicole Bergé ou Brigitte Bardot.

B. B. Serait-ce par elle que le scandale arrive ? À l'origine, il s'agit d'une jolie starlette, très jolie même, l'épouse d'un photographe doué de *Paris-Match*, Roger Vadim. Dans *Les Grandes Manœuvres* de René Clair, elle est la fiancée boudeuse, adorable, exaspérante, irrésistible d'Yves Robert, camarade de régiment de Gérard. Quelques minutes épatantes, inoubliables même, grâce auxquelles on ne sait plus très bien ce qu'on aime : l'inexpérience délicieuse d'une jeune fille dénuée de tout talent ou la rouerie d'une petite actrice qui ne jouerait pas le jeu ? Mais pourquoi s'arrêter à Brigitte Bardot ? Gérard Philipe est toujours et encore le premier. Et désormais il a les moyens financiers, culturels de ne plus obéir aux producteurs, de choisir ses films en fonction de ses idées, de ses convictions. Avec ses amis, son « équipe » – Yves Allégret et Jacques Sigurd –, il se lance dans *La Meilleure Part*, un film dont la vedette est un barrage, en montagne, et dont le slogan publicitaire a tout pour faire fuir : « Un monde inconnu où le drame est individuel et la passion collective. » On fuit en effet. Mais ce n'est qu'une péripétie. À Chaillot, il joue à guichets fermés *Ruy Blas*, avant de s'attaquer aux *Caprices de Marianne*.

Et puis il a, dans ses cartons, ce projet inouï : Rodrigue et Fanfan conciliés, amalgamés. L'honneur et la gouaille, la résistance et la fantaisie. Un message politique transmis par des cabrioles : Till l'Espiègle, le subversif Flamand qui veut libérer son prochain de l'occupation espagnole. Un message de paix et de rébellion. Comme naguère, quand tout était blanc ou noir. Ou rouge. En dépit de son statut de vedette nationale, l'affaire n'est pas simple à monter. Mais

Gérard y parvient, envers et contre tous, avec l'appui, la complicité de ses fidèles, Jean Vilar qui joue le vilain duc d'Albe – mais il n'y a pas de vilains de l'autre côté de la rampe, juste des partenaires – et le cinéaste Joris Ivens, en qualité d'assistant à la mise en scène. Assistant, parce que la mise en scène en question, c'est lui, Gérard, qui a décidé de l'assumer après avoir proposé en vain le scénario à Jean Renoir. Et bien évidemment d'interpréter l'invincible Till. Tournage rude entre la RDA (ce qui n'est pas un choix idéologique : les studios et les figurants y étaient moins chers et les producteurs occidentaux s'y précipitaient comme aujourd'hui les industriels se « délocalisent » volontiers dans le tiers monde pour y fabriquer leurs caleçons et leurs chaussettes au nom de leur chère rentabilité) et les studios de la Victorine, à Nice, en passant par la Suède, la Hollande et la Belgique.

Plusieurs semaines de travail. On espère, on tremble, on ne redoute pas l'imprévu. La « première » est prévue le 7 novembre 1956, à Paris. Une excellente saison pour une sortie cinématographique. Une bonne date entre autres. Anne Philipe attend un enfant pour le début de l'année prochaine. Ce sera un petit garçon, Olivier. Sa grande sœur, Anne-Marie, est née deux ans plus tôt, le 21 décembre 1954. Ce film, au fond, c'est comme une fête de famille.

***

Ce n'était pas une si belle saison que ça, la fin de l'automne 1956. Ça craque de partout, dans le monde. Comme le dégel de ces lacs glacés où patinait Till avec ses certitudes espiègles. En Europe de l'Est on s'insurge. L'URSS n'est plus un gros ours gentil mais un fauve féroce. Et d'ailleurs, elle le prouve aussi bien à Varsovie qu'à Budapest. Du côté de l'Ouest, ça ne va guère mieux. On s'empoigne à propos de Suez. Et là-bas, dans une colonie française d'outre-Méditerranée, les fellaghas ont mis le feu aux poudres et le sang à la bouche. Gérard Philipe devient le parfait bouc émissaire. Il n'est plus beau, il n'est plus innocent, charmant, il n'a plus les yeux clairs, il est l'adversaire, sinon le pion, voire l'espion. De quoi ? Eh bien, au choix, du KGB et de l'Armée Rouge. Ou encore de ces sanguinaires arabes qui, disent les usagers du métropolitain parisien, sont capables de vous égorger parce que vous portez autour du cou une jolie cravate. Alors son fameux Till, est-ce que ce ne serait pas un message codé ?

Mais il y a plus grave et plus futile, plus irrémédiable encore, donc. Sur les jolis pas de la petite Bardot, subrepticement, une nouvelle génération de critiques, bientôt réalisateurs, a déferlé. Une nouvelle vague, a écrit Françoise Giroud dans *L'Express*. B. B. a dévoré de ses dents de lait la pauvre Martine Carol. Les terroristes des *Cahiers du cinéma* et de *Arts* vont s'occuper du reste. Et d'abord de Gérard Philipe, figure emblématique du cinéma de papa. Oh ! Il ne sera pas le seul. Pierre Fresnay et Jean Gabin, Michèle Morgan et Simone Signoret, Pierre Brasseur et Jean-Louis Barrault (seule Jeanne Moreau échappera à la rafle) en prendront aussi pour leur grade. Mais avec Gérard, c'est la curée. Tous les coups sont permis. Comme pour Henri Decoin, Julien Duvivier, René Clair ou Autant-Lara, surtout Autant-Lara (devenu un vieux facho, OK, mais à l'époque il aurait été plutôt gaucho). Les jeunes messieurs sont perchés, branchés sur leurs certitudes. Il faut casser le cinéma d'hier, celui de la qualité française – au fait, les films des fistons tiennent-ils mieux la route… En tout cas pour Gérard Philipe, c'est l'hallali mené par le plus sauvage, le plus cruel d'entre tous, François Truffaut, un charmant jeune homme à la voix douce, intelligent, charmant et sensible. Et qu'est-ce qu'il écrit, François Truffaut ? « Cette idole du public féminin, entre quatorze et dix-huit ans, est la terreur des bons metteurs en scène. […] L'indirigeable Gérard Philipe dont le timbre de voix est vraiment une infirmité » (*Arts*, 11 avril 1956, à propos de *La Meilleure Part*). Ou encore : « La caméra, derrière laquelle il n'y a personne puisque Philipe, sans arrêt, grimace devant elle, s'évertue à recadrer dans chaque plan une cinquantaine de figurants muets qui se déploient dans une confusion qui porte la griffe TNP. » Et ainsi de suite, avec le concours de Chabrol, Godard et compagnie.

En fait Gérard Philipe, une fois de plus, est un symbole. Les valeurs qu'il incarne – littérature, culture, engagement politique – sont pour les nouveaux « révolutionnaires » des miroirs aux alouettes tendus par leurs parents et leurs professeurs. Mai 1968 n'est plus très loin devant eux. Des glorieux aînés, ils n'ont retenu que la méthode : « Du passé, faisons table rase... » N'empêche, méfions-nous de tout ce qui peut être charmeur. Le talent et la grâce. Ils reviendront bientôt – Truffaut surtout dans ses jolies comédies qui auraient pu être signées Decoin – de leurs vapeurs intégristes (au théâtre, en revanche, le désastre sera total, le metteur en scène devenu démiurge, avec la bénédiction des snobs, des critiques et des successifs ministres de la Culture, excluant désormais les auteurs *vivants* et plus spécialement français. Le texte n'est qu'un prétexte – et même les acteurs sont suspects, surtout les bons ; le regretté Guy Dumur, mon ami, accusait les comédiens, qui disaient « juste », d'être des comédiens « bourgeois »...).

Mais le plus grand tort de Gérard Philipe, à leurs yeux, c'est d'être populaire : populisme = poujadisme. L'Université, qui n'en rate jamais une, entre en scène.

Désormais il faut se méfier des apparences : l'important, la vérité, c'est la technique. L'émotion est un mirage (seule dérogation, le cinéma hollywoodien parce que sa mythologie – et sa langue – nous échappent). On en arrive à des niaiseries pompeuses : « Le travelling est affaire de morale. » Alors que peut l'acteur, cet être en équilibre toujours instable ? La proie justement du travelling en question ? Gérard Philipe a-t-il souffert du mépris de ces enfants chahuteurs et doctes ? Sans doute. Ne serait-ce que parce qu'on ne lui donne pas la chance de présenter sa défense. Et pourtant, ses arguments n'ont jamais été aussi évidents, aussi spectaculaires. À Chaillot, il est Octave dans *Les Caprices de Marianne*, au côté de Geneviève Page, et Perdican dans *On ne badine pas avec l'amour*, avec Suzanne Flon. Au cinéma, il étincelle dans une version écourtée du *Désiré* de Sacha Guitry (*La Vie à deux*). Il est un joueur fascinant d'après Dostoïevski, mis en scène par l'abhorré Autant-Lara. Assassinat général des messieurs-dames de la critique. N'y échappent pas les sublimes Françoise Rosay et Bernard Blier (« Il y a mille raisons pourquoi ce film est détestable », Éric Rohmer, *Arts*, décembre 1958). Et pourtant, Gérard n'a jamais été si séduisant, si émouvant, si fragile et si insolent. Avec une féminité secrète qui n'entache en rien sa virilité. Peut-être parce qu'il vieillit. Que lui seul a le doute de sa fin prochaine… Enfin, dans son avant-dernier film, *Les Liaisons dangereuses 1960* de Vadim-Vailland, il est un Valmont inattendu qui pouffe de rire, cynique et léger, avec sa fidèle amie Jeanne Moreau, la Merteuil, prénommée en l'occurrence Juliette. Comme la vilaine sœur de la Justine des *Infortunes de la vertu* de Sade. Les trois – Vadim, Vailland et Gérard – ont tiré Laclos du côté de Musset, ce qui n'est pas banal. La modernisation ou plutôt la réactualisation de l'œuvre fait ricaner. Vadim a situé les turpitudes du couple Valmont-Merteuil à Megève et sur la rive gauche, chic, du Faubourg-Saint-Germain. La perversion symbolisée par la neige, on se gausse. Il est vrai que la pureté dans le vice évoque plutôt le divin marquis, justement. Quant au Faubourg-Saint-Germain, avec son snobisme aristocratique et frondeur – la gauche commence à devenir distinguée – n'évoque-t-il pas la société libertine, décadente, en sursis à Versailles ? Stephen Frears, quand à son tour, trente ans plus tard, il donnera une (sensationnelle) version du roman de Laclos, expliquera que, pour lui – et comme il a raison –, le destin de la marquise et du vicomte (si elle avait pu échapper à la petite vérole et lui au duel avec le chevalier Danceny) aurait été de monter à la guillotine…

Les Liaisons dangereuses 1960 obtinrent néanmoins un joli succès critique doublé d'un bon accueil par le grand public. Il est vrai que Vadim, à l'époque, était à la mode. Comme un cousin pour lequel les jeunes Turcs de la Nouvelle Vague auraient eu des indulgences. Gérard, comme d'habitude, eut droit aux coups de griffe traditionnels. Roger Nimier (mais ne s'agit-il pas d'un règlement de compte politique de la part de ce brillant écrivain d'extrême droite devant ce brillant acteur progressiste ?) : « Gérard Philipe assommant. Il faut qu'on cesse d'accommoder ce jeune homme à toutes les sauces. Après le poulet Julien Sorel et l'esturgeon à la Muichkine, voilà les petits pois à la Valmont. [...] Attendons encore trente ans. Comme il fera un beau vieillard ! J'espère qu'il aura la Légion d'honneur. » Trente ans... Gérard sera mort depuis un quart de siècle.

***

Vadim, provisoire chouchou des cinémathèques. Et maintenant, Luis Buñuel, l'un des maîtres, tout frondeur qu'il soit, du septième art, reconnu par tous, l'engage sur *La fièvre monte à El Pao*. La carrière cinématographique de Gérard retrouve-t-elle la voie royale de ses débuts ? Hélas. Et pourtant la collaboration avec Buñuel n'est pas un caprice de star qui veut s'offrir un auteur, comme ça se fait volontiers à Hollywood. D'abord, Buñuel, anarchiste et donc subversif, penche du même côté que Gérard – quand on est un Espagnol athée tournant des films au Mexique ultra-catholique, les divergences idéologiques entre les diverses gauches s'estompent. Et surtout don Luis souhaitait depuis longtemps utiliser Gérard, notamment dans une adaptation du *Hussard sur le toit* d'après Giono (seul regret : Nimier en aurait avalé sa plume sergent-major !). Par malheur, ce ne fut pas *Le Hussard* mais *La fièvre monte à El Pao*, d'après un roman d'Henry Castillou, sur fond de drame révolutionnaire comme on les imagine en Amérique latine. *A priori* pourtant, les paramètres sont bons : comme pour *Les Orgueilleux*, on se retrouve au Mexique. Et si Michèle Morgan, dans sa jolie combinaison à épaulettes, ne fait pas partie de l'aventure, il y a là une brune brûlante qui a fait rêver le vieux et le nouveau continents grâce aux fulgurances de ses yeux de velours : Maria Felix, en personne. Gérard, lui, paraît un peu fatigué, un peu distrait, mais après tout, c'est peut-être un des éléments de son rôle, celui d'un jeune homme qui lutte contre la dictature en compagnie de la veuve de son maître assassiné. Seulement voilà, la veuve (Maria) est trop belle pour être crédible et les charmes des tropiques trop langoureux pour être honnêtes. En dépit de don Luis et de Gérard, la « fièvre » monte peut-être à El Pao certes, mais le film, lui, s'effondre très vite sur les Champs-Élysées. Gérard n'en souffrira pas. Il s'est éteint dans sa chambre de la rue de Tournon depuis plus d'un mois. Après une opération, et une agonie éclair de deux semaines qui ne lui a pas, on l'espère, permis de prendre conscience de l'irrémédiabilité de son mal.

***

Mlle Hodge annula-t-elle les sanctions ? Toujours est-il que la France, et pas seulement celle des lycéennes, fut en deuil. D'une façon paradoxale, à la fois insensible et spectaculaire, Gérard Philipe s'était imposé dans l'imaginaire collectif. Et ses détracteurs, dont les mobiles devenaient bien flous après sa disparition prématurée, se turent enfin. Il ne resta que les regrets. Gérard, confia sa veuve Anne Philipe – qui devait écrire un chef-d'œuvre littéraire, *Le Temps d'un soupir*, en exprimant son chagrin et son désarroi –, Gérard donc avait le projet de « revisiter », comme on dit aujourd'hui, le théâtre classique, de jouer Hamlet, etc. Par ailleurs, sa métamorphose de jeune homme en homme adulte allait forcément lui ouvrir les portes d'un nouvel univers. Oui, on ne pouvait que regretter…

Et pourtant, dans sa cruauté, la vie avait fixé et donc immortalisé Gérard à défaut de lui avoir offert une vieillesse, des rentes, des honneurs, un passé défini. Maria Casarès a dit un jour que le secret de son amour pour le théâtre, c'était son goût pour l'éphémère. Elle incarnait, elle vivait ses personnages une fois pour toutes. Il n'en restait rien sinon une émotion, une impression fugitive, au mieux un souvenir qui s'efface. Comme le souvenir de ceux que nous avons aimés et qui sont partis, s'éloignent à jamais, astres en exil au fond de l'univers grâce auxquels on peut enfin, sinon comprendre du moins mesurer le temps et l'espace, apparences trompeuses qui nous bercent même si elles nous désespèrent. Gérard Philipe s'est enfui à l'autre bout de l'univers, de l'autre côté de la vie. Mais passent encore et toujours ses avatars, l'Ange de *Sodome et Gomorrhe* dont l'aile nous frôle, le rire de Fanfan la Tulipe, l'insolence de Rodrigue, la mélancolie du prince de Hombourg, le désespoir narquois de Lorenzo, le cynisme héroïque de Valmont. Enfin, toutes ces créatures impalpables qui nous murmurent au creux de l'oreille le nom de Gérard Philipe et, chère Mlle Hodge, le gravent dans notre cœur d'une manière encore plus indélébile que les graffitis des jeunes filles du lycée Hélène-Boucher sur le bois de leurs pupitres.

La mort a frappé haut

Sur la scène de Chaillot, temple parisien de ce TNP dont l'esprit naquit à Avignon, Jean Vilar, au soir du 25 décembre 1959, témoigne autant qu'il rend hommage au compagnon disparu :

« La mort a frappé haut. Elle a fauché celui-là même qui, pour des millions d'adolescents, exprimait la vie. Il reste à jamais gravé dans notre mémoire.

Cependant, il nous faut continuer. C'est une loi de notre métier. Il savait que la vie est trop courte quand il est question d'être utile aux hommes. Aux pires heures, alors que l'un de nous était abattu par la maladie, par la souffrance, par l'ombre du désastre, il souriait.

Travailleur acharné, secret, méthodique, il se méfiait quotidiennement de ses dons. Il avait le droit d'être exigeant envers les autres car il était d'abord cruel envers lui-même. Il était loyal. Cela aussi, comment l'oublier ? Il était fidèle. Fidèle à ses engagements du premier jour. Quoi qu'il advînt, quoi qu'il advienne. Cette fidélité de lui à nous, de nous à lui, seule la mort pouvait la détruire. Elle l'a fait. Dans des temps moins douloureux, nous rendrons l'hommage qu'il mérite à ce compagnon exemplaire.

Que le silence soit pour un temps encore le témoignage de notre deuil. »

JEAN VILAR

Filmographie

Longs métrages

◆ *La Boîte aux rêves*
Réalisateur : Yves Allégret
Avec : Viviane Romance
Sortie à Paris : 11 juillet 1945

◆ *Les Petites du quai aux Fleurs*
Réalisateur : Marc Allégret
Avec : Odette Joyeux, Sophie Desmaret
Sortie à Paris : 27 mai 1944

◆ *Le Pays sans étoiles*
Réalisateur : Georges Lacombe
Avec : Jany Holt
Sortie à Paris : 3 avril 1946

◆ *L'Idiot*
Réalisateur : Georges Lampin
Avec : Edwige Feuillère
Sortie à Paris : 7 juin 1946

◆ *Le Diable au corps*
Réalisateur : Claude Autant-Lara
Avec : Micheline Presle
Sortie à Paris : 12 septembre 1947

◆ *La Chartreuse de Parme*
Réalisateur : Christian-Jaque
Avec : Maria Casarès, Renée Faure
Sortie à Paris : 21 mai 1948

◆ *Une si jolie petite plage*
Réalisateur : Yves Allégret
Avec : Madeleine Robinson
Sortie à Paris : 19 janvier 1949

◆ *Tous les chemins mènent à Rome*
Réalisateur : Jean Boyer
Avec : Micheline Presle
Sortie à Paris : 16 septembre 1949

◆ *La Beauté du diable*
Réalisateur : René Clair
Avec : Michel Simon, Nicole Besnard
Sortie à Paris : 16 mars 1950

◆ *La Ronde*
Réalisateur : Max Ophuls
Avec : Anton Walbrook, Simone Signoret
Sortie à Paris : 27 septembre 1950

◆ *Souvenirs perdus*
Réalisateur : Christian-Jaque
Avec : Danièle Delorme
Sortie à Paris : 11 novembre 1950

◆ *Juliette ou la Clef des songes*
Réalisateur : Marcel Carné
Avec : Suzanne Cloutier
Sortie à Paris : 16 mai 1951

- *Fanfan la Tulipe*
  Réalisateur : Christian-Jaque
  Avec : Gina Lollobrigida
  Sortie à Paris : 21 mars 1952

- *Les Sept Péchés capitaux* (sketch de liaison et huitième péché : « Voir le mal où il n'est pas »)
  Réalisateur : Georges Lacombe
  Avec : Philippe Richard
  Sortie à Paris : 30 avril 1952

- *Les Belles de nuit*
  Réalisateur : René Clair
  Avec : Martine Carol, Gina Lollobrigida
  Sortie à Paris : 14 novembre 1952

- *Les Orgueilleux*
  Réalisateur : Yves Allégret
  Avec : Michèle Morgan
  Sortie à Paris : novembre 1953

- *Si Versailles m'était conté*
  Réalisateur : Sacha Guitry
  Avec : Sacha Guitry, Michel Auclair
  Sortie à Paris : 10 février 1954

- *Monsieur Ripois*
  Réalisateur : René Clément
  Avec : Germaine Montero, Valérie Hobson
  Sortie à Paris : 19 mai 1954

- *Les Amants de la villa Borghese* (sketch « La Rupture »)
  Réalisateur : Gianni Franciolini
  Avec : Micheline Presle
  Sortie à Paris : 28 mai 1954

◆ *Le Rouge et le Noir*
Réalisateur : Claude Autant-Lara
Avec : Danielle Darrieux, Antonella Lualdi
Sortie à Paris : 29 octobre 1954

◆ *Les Grandes Manœuvres*
Réalisateur : René Clair
Avec : Michèle Morgan, Brigitte Bardot
Sortie à Paris : 26 octobre 1955

◆ *Si Paris nous était conté*
Réalisateur : Sacha Guitry
Avec : Sacha Guitry, Françoise Arnoul,
Danielle Darrieux
Sortie à Paris : 27 janvier 1956

◆ *La Meilleure Part*
Réalisateur : Yves Allégret
Avec : Michèle Cordoue
Sortie à Paris : 28 mars 1956

◆ *Les Aventures de Till l'Espiègle*
Réalisateur : Gérard Philipe
Avec : Jean Vilar, Nicole Berger
Sortie à Paris : 7 novembre 1956

◆ *Montparnasse 19*
Réalisateur : Jacques Becker
Avec : Anouk Aimée, Françoise Fabian
Sortie à Paris : 4 avril 1958

◆ *Pot-Bouille*
Réalisateur : Julien Duvivier
Avec : Danielle Darrieux, Dany Carrel
Sortie à Paris : 19 octobre 1957

◆ *La Vie à deux* (« Désiré »)
Réalisateur : Clément Duhour
Avec : Marie Daëms
Sortie à Paris : 24 septembre 1958

◆ *Le Joueur*
Réalisateur : Claude Autant-Lara
Avec : Liselotte Pulver, Françoise Rosay
Sortie à Paris : 26 novembre 1958

◆ *Les Liaisons dangereuses 1960*
Réalisateur : Roger Vadim
Avec : Jeanne Moreau, Annette Vadim
Sortie à Paris : 9 septembre 1959

◆ *La fièvre monte à El Pao*
Réalisateur : Luis Buñuel
Avec : Maria Felix
Sortie à Paris : 6 janvier 1960

Courts métrages

◆ *Schéma d'une identification*
Réalisateur : Alain Resnais
Avec : François Chaumette
Sortie : 1945

◆ *Ouvert pour cause d'inventaire*
Réalisateur : Alain Resnais
Avec : Danièle Delorme, Nadine Alari
Sortie : 1946

◆ *Les Drames du bois de Boulogne*
Réalisateur : Jacques Loew
Avec : Maurice Baquet, Blanchette Brunoy
Sortie : 1947

◆ *Avignon, bastion de la Provence*
Réalisateur : James Guenet
Sortie : 1951

◆ *Le Théâtre national populaire*
Réalisateur : Georges Franju
Avec : Maria Casarès, Monique Chaumette,
Silvia Monfort
Sortie : 1956

Le prince

Théâtre

◆ *Une grande fille toute simple*
Comédie d'André Roussin
Mise en scène : Louis Ducreux
Avec : Madeleine Robinson
Casino de Nice, décembre 1942

◆ *Une jeune fille savait*
Comédie d'André Haguet
Avec : Svetlana Pitoëff
Tournées Rasimi, 1943

◆ *Sodome et Gomorrhe*
De Jean Giraudoux
Mise en scène : Douking
Avec : Edwige Feuillère
Théâtre Hébertot, 11 octobre 1943

◆ *Au petit bonheur*
Comédie de Marc-Gilbert Sauvajon
Avec : Jean Marchat, Jacques Dynam, Odette Joyeux
Théâtre Gramont, 8 novembre 1944

◆ *Federigo*
De René Laporte
Mise en scène : Marcel Herrand
Avec : Maria Casarès
Théâtre des Mathurins, 3 mars 1945

- *Caligula*
  D'Albert Camus
  Mise en scène : Paul Oettly
  Avec : Margo Lion
  Théâtre Hébertot, 26 septembre 1945

- *Les Épiphanies*
  D'Henri Pichette
  Mise en scène : Georges Vitaly
  Avec : Maria Casarès
  Théâtre des Noctambules,
  3 décembre 1947

- *K.M.X. Labrador*
  Comédie de Jacques Deval,
  d'après *Peticoat Fever* de H. W. Reed
  Mise en scène : Jacques Deval
  Avec : Roger Tréville, Claude Génia
  Théâtre de la Michodière, 29 janvier 1948

- *Le Figurant de la Gaîté*
  Comédie d'Alfred Savoir
  Mise en scène : Marcel Herrand
  Avec : Mila Parély
  Théâtre Montparnasse-Gaston-Baty,
  23 février 1949

- *Le Cid*
  Tragédie de Pierre Corneille
  Mise en scène : Jean Vilar
  Avec : Françoise Spira, Jeanne Moreau,
  Monique Chaumette
  TNP-Festival d'Avignon, 15 juillet 1951 ;
  Suresnes, 17 novembre 1951

◆ *Le Prince de Hombourg*
Drame de Heinrich von Kleist
Adaptation française : Jean Curtis
Mise en scène : Jean Vilar
Avec : Françoise Spira, Monique Chaumette, Jeanne Moreau
TNP-Festival d'Avignon, 16 juillet 1951 ;
Théâtre des Champs-Élysées, 22 février 1952

◆ *La Calendria*
Comédie du cardinal Bernardo Dovizi de Bibbiena
Texte français : Michel Arnaud
Mise en scène : Jean Vilar
Avec : Jean Négroni, Monique Chaumette, Jean-Paul Moulinot
TNP-Festival d'Avignon, 17 juillet 1951

◆ *Mère Courage*
Drame de Bertolt Brecht
Texte français : Geneviève Serreau et Benno Besson
Avec : Germaine Montéro, Françoise Spira, Monique Chaumette, Jean Vilar
TNP-Suresnes, 18 novembre 1951

◆ *Nucléa*
D'Henri Pichette
Mise en scène : Gérard Philipe
Avec : Louis Arbessier, Jean Négroni, Jeanne Moreau
TNP-Palais de Chaillot, 3 mai 1952

◆ *Lorenzaccio*
Drame d'Alfred de Musset
Mise en scène : Gérard Philipe
Avec : Daniel Ivernel, Monique Chaumette
TNP-Festival d'Avignon, 15 juillet 1952 ;
reprise au palais de Chaillot, mai 1958

◆ *La Nouvelle Mandragore*
Comédie de Jean Vauthier,
d'après Machiavel
Mise en scène : Gérard Philipe
Avec : Jeanne Moreau
TNP-Palais de Chaillot, 20 décembre 1952

◆ *Richard II*
Tragédie de William Shakespeare
Texte français : Jean Curtis
Mise en scène : Jean Vilar
Avec : Jean-Paul Moulinot, Mona Dol
TNP-Festival d'Avignon, juillet 1953 ;
palais de Chaillot, 2 février 1954

◆ *Ruy Blas*
Drame de Victor Hugo
Mise en scène : Jean Vilar
Avec : Jean Deschamps, Daniel Sorano,
Philippe Noiret, Gaby Sylvia
TNP-Palais de Chaillot, 23 février 1954

◆ *Les Caprices de Marianne*
Comédie d'Alfred de Musset
Mise en scène : Jean Vilar
Avec : Roger Mollien, Georges Wilson, Geneviève Page
TNP-Festival d'Avignon, 15 juillet 1958 ;
palais de Chaillot, novembre 1958

- *On ne badine pas avec l'amour*
  Comédie d'Alfred de Musset
  Mise en scène : René Clair
  Avec : Suzanne Flon, Christiane Lasquin
  TNP-Palais de Chaillot, 16 février 1959

LE FESTIVAL D'AVIGNON

vu par Garry

Notre ami, le dessinateur GARRY, de passage à Avignon, nous a fait spécialement cette page pour « L'ACCENT ». On en appréciera l'humour.

De gauche à droite :

En haut : Jean NEGRONI, Jean-Paul MOULINOT, Gérard PHILIPE, Jean Vilar, Jeanne MOREAU, dans « *LE PRINCE DE HOMBOURG* ».

Au Centre : Jean VILAR, Jean-Paul MOULINOT, René DUPUY, dans « *LA CALANDRIA* »

En bas : Jeanne MOREAU, Jean VILAR, Pierre ASSO, Jean LEUVRAIS, Gérard PHILIPE, Françoise SPIRA dans « *LE CID* ».

Repères bibliographiques

- BONAL (Gérard), *Gérard Philipe*, Seuil, 1994.
- CHAPELLE (Monique) et KIRSCHEN (André), *Gérard Philipe, notre éternelle jeunesse*, préface de Jean Vilar, Robert Laffont, 1966.
- GIANNOLI (Paul), *La Vie inspirée de Gérard Philipe*, Plon, 1960.
- LEPROHON (Pierre), « Gérard Philipe », anthologie du cinéma, supplément au n° 114 de l'*Avant-Scène du cinéma*, mai-juin 1971.
- PHILIPE (Anne), *Le Temps d'un soupir*, Julliard, 1963.
- PHILIPE (Anne) et ROY (Claude), *Gérard Philipe, souvenirs et témoignages*, Gallimard, 1960, réédition 1978.
- PICHETTE (Henri), *Tombeau de Gérard Philipe*, Gallimard, 1961, réédition 1979.
- SADOUL (Georges), *Gérard Philipe*, Lherminier, 1967, réédition 1979.
- WEHLE (Patricia), *Le Théâtre populaire selon Jean Vilar*, préface de Claude Roy, Alain Barthelemy et Actes Sud, 1981.

Ouvrages de Jean-François Josselin :

- **Chez Grasset :** *Quand j'étais star*; *Quelques jours avec moi*; *L'Enfer et compagnie*; *Carlotta, tu n'es pas un ange*; *La Fortune du pot*; *Simone : deux ou trois choses que je sais d'elle.*
- **Chez Gallimard :** *La Mer au large*; *Après la nuit, la nuit.*
- **Chez Flammarion :** *Encore un instant.*
- **Au Seuil :** *Les Indolents*; *Don Juan sous la pluie*; *Le Grand Air de Charlotte.*

Crédits photos

Couverture : Edmond Volponi (*Le Prince de Hombourg*, 1951); p. 6-7 : Carone SCOOP *Paris-Match* (À la sortie des répétitions du TNP en 1954); p. 23 : Carone-Garofalo SCOOP *Paris-Match* (La camionnette du TNP en 1951); p. 38 : Carone SCOOP Paris-Match (Gérard Philipe dans sa loge avec Jean Vilar après une représentation de *Richard II*, palais de Chaillot, 1954); p. 11 et 48 : Maison Jean-Vilar (*Lorenzaccio* de Musset et *Le Prince de Hombourg* de Kleist, maquettes de Léon Gischia); p. 47 : DR-*Les Orgueilleux* de Yves Allégret avec Michèle Morgan; p. 54 : DR.

Mille et une nuits propose des chefs-d'œuvre pour le temps d'une attente, d'un voyage, d'une insomnie...

Derniers titres parus chez le même éditeur dans La Petite Collection

69. Raoul Vaneigem, *Avertissement aux écoliers et lycéens*. 70. Lorris Murail, *La Méthode albanaise*. 71. Clifford D. Simak, *Mirage*. 72. Pa Kin, *À la mémoire d'un ami*. 73. Oscar Wilde, *Aphorismes*. 74. James Graham Ballard, *Le Massacre de Pangbourne*. 75. H.G. Wells, *Le Nouvel Accélérateur*. 76. Étienne de la Boétie, *Discours de la servitude volontaire*. 77. Michael Moorcock, *Souvenirs de la Troisième Guerre mondiale*. 78. Hermann Hesse, *Mon enfance*. 79. Raphaël Confiant, *La Savane des Pétrifications*. 80. Jonathan Swift, *Modeste proposition*. 81. Les Proverbes de Salomon. 82. Edgar Poe, *La Lettre volée*. 83. Lautréamont, *Poésies*. 84. Eric Ambler, *L'Ennemi commun*. 85. Jorge Semprun-Elie Wiesel, *Se taire est impossible*. 86. Fernando Pessoa, *Ultimatum*. 87. Honoré de Balzac, *Sarrasine*. 88. Denis Diderot, *Supplément au voyage de Bougainville*. 89. Niccolò Machiavel, *Histoire du diable qui prit femme*. 90. Prosper Mérimée, *H.B.* 91. Viktor Pelevine, *La Flèche jaune*. 92. Léon Tolstoï, *Ainsi meurt l'amour*. 93. Voltaire, *Catéchisme de l'honnête homme*. 94. Villiers de l'Isle-Adam, *Le Convive des dernières fêtes*. 95. Goethe, *La Nouvelle*. 96. Benjamin Tammuz, *Le Verger*. 97. René Descartes, *Les Passions de l'âme*. 98. Spinoza, *Traité de la réforme de l'entendement*. 99. Arthur Rimbaud, *Illuminations*. 100. *Le Trésor sans fond*. 101. Théophraste, *Caractères*. 102. Giuseppe Bonaviri, *Silvinia ou le Voyage des égarés*. 103. Henry James, *Pauvre Richard*. 104. Rudyard Kipling, *Les Bâtisseurs de ponts*. 105. Saint-Just, *On ne peut pas régner innocemment*. 106. Stendhal, *Vanina Vanini*. 107. Guy de Maupassant, *Les Sœurs Rondoli*. 108. Alfred Jarry, *Le Surmâle*. 109. Lao-tseu, *Tao te king*. 110. Jacques Berque-Jean Sur, *Les Arabes, l'islam et nous*.

Pour chaque titre, le texte intégral, une postface, la vie de l'auteur et une bibliographie.

Achevé d'imprimer en juin 1996,
sur papier recyclé Ricarta-Pigna par G. Canale & C. SpA (Turin)